Dr. Kira Klenke

Schreib dich
INS
GLÜCK

Erstaunliche Schreib-Ideen
für innere Kraft und
Neuorientierung

Begleitbuch zu den 40 Karten

Schirner
Verlag

Die Ratschläge in diesem Kartenset sind sorgfältig erwogen und geprüft. Sie bieten jedoch keinen Ersatz für eine kompetente psychologische Beratung oder Behandlung, sondern dienen der Begleitung und sind eine Anregung zur Selbsthilfe. Alle Angaben in diesem Heft erfolgen ohne Gewährleistung oder Garantie seitens der Autorin oder des Verlages. Eine Haftung der Autorin bzw. des Verlages und seiner Beauftragten für Personen-, Sach- und Vermögensschäden ist ausgeschlossen.

Dieses Heft enthält Verweise zu Webseiten, auf deren Inhalte der Verlag keinen Einfluss hat. Für diese Inhalte wird seitens der Autorin und des Verlages keine Gewähr übernommen. Für die Inhalte der verlinkten Seiten ist stets der jeweilige Anbieter oder Betreiber der Seiten verantwortlich.

Wir verzichten auf das Einschweißen unserer Kartensets – **UNSERER UMWELT ZULIEBE!**

ISBN 978-3-8434-9205-8

Dr. Kira Klenke
Schreib dich ins Glück
Erstaunliche Schreib-Ideen für innere Kraft und Neuorientierung

© 2023 Schirner Verlag, Darmstadt

Box, Karten & Anleitung: Anna Twele & Anna Katharina Berg, Schirner, unter Verwendung von # 793924753 (© Julia August) und # 1497952949 (© Vikafoto33), www.shutterstock.com
Lektorat: Noémi Fekete, Schirner
Printed & bound by: Ren Medien GmbH, Germany

www.schirner.com

1. Auflage Februar 2023

Mit der Macht des geschriebenen Wortes dein Leben verändern

Dieses Kartenset ist die Bedienungsanleitung für ein kraftvolles Werkzeug, das dich dabei unterstützt, authentischer, glücklicher und erfolgreicher zu leben: das intuitive Schreiben. Es hilft dir, zu erkennen, was du im Leben brauchst und was du dafür tun kannst.

Die Karten eröffnen dir eine ganz neue Perspektive auf deine Situation. Selbst bei schwierigen Lebensthemen findest du mit dieser Technik verblüffend schnell neue Lösungsideen. Du kommst tiefer mit dir selbst und mit deiner wahren Größe in Kontakt, entdeckst dein volles Potenzial und entfaltest es auch. Du erhältst intuitive Einsichten, die du durch Nachdenken nicht erreicht hättest, fasst den Mut, die gewohnten Pfade zu verlassen, und wirst auf deine ganz eigene Weise lebendiger.

Das Schreiben neu erfahren

Dem intuitiven Schreiben liegt eine andere Einstellung zugrunde als dem Schreiben, das du in der Schule gelernt hast. Es geht nicht um grammatische Korrektheit, präzise Formulierungen und nicht einmal um sprachliche Schönheit. Beim intuitiven Schreiben entsteht ein Text ganz ohne Anstrengung, wie von allein. Du empfängst dabei am Verstand vorbei neue Erkenntnisse.

Die Vorschläge des Verstandes haben ihre Grenzen, denn sie fußen nur auf dem, was dir aktuell bewusst ist. Dagegen öffnen die Intuition und die Herzensführung einen unendlich großen Raum voller Weisheit. Darin offenbaren sich neue neue Möglichkeiten, die dein Leben kraftvoller, freier und erfüllter machen können.

Intuitives Schreiben ist hervorragend geeignet, schwierige Lebenssituationen zu verarbeiten und zu bewältigen. Es hilft auch, seit Langem bestehende Probleme zu lösen und selbst das in Worte zu fassen, was zu sensibel ist, um es mit jemand anderem zu besprechen. Es bringt innere Klarheit, Erleichterung und neue Orientierung. Du erkennst und mobilisierst damit neue Kräfte, die dich handlungsfähig machen. Du entdeckst, was dir wirklich am Herzen liegt. Diese Art des Schreibens bringt immer auch ein bisschen Magie in dein Leben!

Mithilfe der Schreibimpulse kannst du in nur 10–15 Minuten am Tag dein Leben umschreiben. Selbst wenn du denkst, das Schreiben läge dir nicht, solltest du es einmal mithilfe dieser Karten ausprobieren. Gerade dann!

Schließe Altes ab: Befreie dich

Einem Blatt Papier kannst du alles anvertrauen. Hier darfst du alles rauslassen – auch Worte, die du sonst nicht über die Lippen bringen würdest. Es gibt keinerlei Ansprüche oder Regeln, denen du dich unterwerfen musst. Du kannst dich ganz ungehemmt so äußern, wie du dich gerade fühlst: unsicher oder besorgt, wütend oder auch überschäumend vor Glück. Du allein stehst im Mittelpunkt. Auf dem Papier findest du eine Art Entsorgungsstelle für dunkle Erinnerungen, Gedanken und Gefühle. Hier kannst du einen Menschen, der dich verletzt hat, unflätig beschimpfen – ganz unabhängig davon, ob er oder sie noch lebt oder schon verstorben ist.

Es ist wichtig und heilsam, dass deine inneren Verletzungen sich zeigen dürfen und du ein Ventil für deine Wut findest. Erst danach öffnet sich irgendwann ganz von allein ein Raum der Vergebung – für andere und für dich selbst.

Es kann passieren, dass dir beim intuitiven Schreiben die Tränen kommen oder dass dein Herz plötzlich aufgeregt pocht. Vielleicht werden dir schlagartig Zusammenhänge bewusst, die dir bisher entgangen sind. Du wirst erleben, wie das Vertrauen in deine innere Führung mit jedem Anwenden wächst und sich immer tiefer in dir verwurzelt.

Es ist nachgewiesen, dass es Erleichterung bringt und in kurzer Zeit wieder neue Zuversicht gibt, wenn man Zweifel und Sorgen zu Papier bringt[1]. Ebenso, dass das Schreiben über emotional belastende Ereignisse zu einer Verbesserung der körperlichen und psychischen Gesundheit führt[2]. In einer Studie mit kurz zuvor arbeitslos gewordenen Fachkräften wurden diejenigen, die über ihre Gedanken und Gefühle im Zusammenhang mit dem Arbeitsplatzverlust geschrieben hatten, schneller wieder eingestellt als die anderen[3]. Aufgrund der Einfachheit der Methode ist das Schreiben ein ideales Selbsthilfe-Tool.

1 Gerardo Ramirez & Sian L. Beilock: Writing About Testing Worries Boosts Exam Performance in the Classroom. In: Science 2011; 331(6014): 211–213 (URL: www.science.org/doi/10.1126/science.1199427).

2 Karen A. Baikie & Kay Wilhelm: Emotional and physical health benefits of expressive writing. In: Advances in Psychiatric Treatment (2005), vol. 11, 338–346

3 Stefanie P. Spera, Eric D. Buhrfeind & James W. Pennebaker: Expressive Writing and Coping with Job Loss. In: Academy of Management Journal, Vol. 37, No. 3 Nov 2017 (URL: www.journals.aom.org/doi/abs/10.5465/256708).

Werde dein eigener Problemlöser, und entwirf die Zukunft deiner Wünsche

Mit dem intuitiven Schreiben kannst du auch die Samen für eine kraftvollere, freiere und zufriedenere Zukunft säen. Denn es führt dich über deine bisherigen Grenzen hinaus. Du überschreitest dabei den Punkt, an dem du vorher dachtest: »Hier geht es nicht weiter.«

Du betrittst einen Raum voller Heilung, neuer Hoffnung, großer Weisheit und erfrischender Vitalität. Auch deine Träume dürfen hier wachsen. Beim intuitiven Schreiben ist Erstaunliches möglich, und es gibt fast keine Grenzen. Du kannst den Kontakt mit deiner Seele oder mit deinem Lebensauftrag aufnehmen, den du erhalten hast, noch bevor du geboren wurdest. Du kannst mit einem schmerzenden Körperteil sprechen und herausfinden, was es dir mitteilen möchte, oder eine Krankheit befragen, was ihr tieferer Sinn ist. Du kannst mit Engeln reden, mit indianischen Schamanen, mit Außerirdischen, mit deiner verstorbenen Urgroßmutter oder mit Gott. Die Karten helfen dir, den Raum, in dem alle Informationen verfügbar sind, für dich zu öffnen und zu betreten.

Dir selbst wirklich zuhören

Beim intuitiven Schreiben kannst du uneingeschränkt deine Wahrheit ausdrücken. Es schafft einen Raum, in dem du dir selbst wirklich zuhörst und entdeckst, dass du die Antworten auf deine Fragen und die Lösungen für deine Probleme im Grunde alle schon selbst kennst. Du brauchst keine gut gemeinten Ratschläge von anderen. Du brauchst lediglich eine Möglichkeit, dich in Ruhe zu öffnen und intuitiv das auszudrücken, was du tief in dir schon längst weißt, aber vielleicht noch nie vorher formuliert hast. Dabei wird das intuitive Schreiben sogar zu einer Art Therapie.

Das Schönste am intuitiven Schreiben

Am meisten berühren mich beim intuitiven Schreiben die Momente, in denen der Verstand zur Seite tritt und Worte aufs Papier fließen, die mich selbst erstaunen. Das geschieht, wenn ich etwas schreibe, von dem ich selbst kurz vorher noch nicht wusste, dass es Teil des Textes und der Antwort sein wird.

Die Wirkung und Magie des intuitiven Schreibens kann sich auf vielfältige Weise entfalten. Um das zu verdeutlichen, möchte ich zwei Erfahrungen teilen:

Ein unerfüllter Kindheitstraum

Nicht immer tut sich eine neue Lösung schon direkt beim Schreiben auf. Aber das offene, ungeschönte und emotional aufgeladene Eintauchen ins Thema mit all seinen Facetten verändert deine innere Einstellung und dein energetisches Resonanzfeld. Das ermöglicht eine Veränderung.

Beim Schreiben meldete sich ein Herzenswunsch, den ich schon als kleines Mädchen hatte. Ich wünschte mir ein Tier. Meine Eltern waren nicht zu bewegen, das zu erlauben. Später, als alleinstehende Akademikerin mit Arbeitstagen, die meist über 10 Stunden hatten, war auch nicht an einen Hund oder eine Katze zu denken. Der Wunsch meldete sich wieder, als es auf meinen Ruhestand zuging. Nun war es mein Mann, der weder Hund noch Katze im Haus haben wollte.

Beim Schreiben bahnte sich mein Wunsch den Weg aufs Papier, voller Leidenschaft und Sehnsucht. Das Fazit meines Textes war, dass ich diesen Herzenswunsch ab sofort nicht länger »vernünftig« beiseiteschiebe – auch wenn ich nach wie vor keine Idee hatte, wie ich dieses Ziel erreichen könnte. Aber ich beschloss, ab sofort auf entsprechende Fügungen zu achten.

Drei Wochen später erzählte uns ein Freund, im Nachbardorf suche jemand ein neues Zuhause für zwei junge Schafe. Der Garten unseres Resthofs sei doch groß genug dafür.

Seit zwei Jahren leben nun Jenny und Skadie bei uns im Garten. Die beiden zu versorgen, mit ihnen Kunststücke zu trainieren und zusammen zu meditieren (das lieben sie), ist für mich der schönste Start in den Tag. Nie hätte ich gedacht, dass Schafe so intelligent und menschenbezogen sind. Heute lebe ich meinen Kindheitstraum.

Angst vor der Courage

Wenn du verworrene Gedankengänge zu Papier bringst, wie du sie im Kopf hast, löst sich häufig der Knoten im Kopf, noch während du schreibst.

Vor vielen Jahren habe ich Bücher eines spirituellen Meisters gelesen, der in einem Schweigekloster in Italien auf dem Land lebte. Seine Worte und seine Energie hatten mich durch die Bücher berührt, und in mir wuchs der Wunsch, diesen Weisen persönlich kennenzulernen. Ich traf Menschen, die den Meister in Italien besucht hatten. Der Aufenthalt dort sei anstrengend: Absolutes Schweigen rund um die Uhr, keinerlei Unterhaltung oder Nachrichten aus der Welt (Handys gab es damals noch nicht), jeden zweiten Tag fasten, kein Alkohol, kein Naschen und ein strikt getakteter Tagesablauf ab 5 Uhr morgens in einem von der Welt abgeschotteten Areal.

Allein der Gedanke an die Anfahrt mit einem regionalen Über-landbus, aus dem man an einer unscheinbaren Stelle mitten in der Pampa aussteigen musste, machte mir Angst. Italienisch spreche ich nicht, und es war unwahrscheinlich, dort jemanden mit Englischkenntnissen zu treffen, der weiterhelfen konnte.

Über all das hatte ich oft nachgedacht. Dabei drehten sich meine Gedanken lediglich im Kreis, und ich blieb hin- und herge-rissen zwischen dem großen Wunsch, nach Italien zu fahren, und meiner Angst vor den äußeren Umständen der Reise.

Als ich schließlich all diese Gedanken zusammen mit den positiven und negativen Gefühlen, die ich mit meinem Vor-haben verband, zu Papier brachte, löste sich der Knoten in meinem Kopf. Ich erkannte, dass der Impuls, dem Ruf meiner Intuition nach Italien zu folgen, so viel stärker war als meine Angst vor den äußeren Umständen der Reise. Die Wochen, die ich dann in diesem Kloster verbrachte, waren ein unver-gessliches Geschenk. Die Erinnerung daran ist mir bis heute eine Ressource in schwierigen Zeiten.

Wie es dir gelingt, dein Leben umzuschreiben

1. Öffne dich dafür, dem intuitiven Fluss deiner Worte ver-trauensvoll zu folgen – selbst wenn du zu Beginn noch nicht weißt, wohin dich das führen wird. *Dazu mehr ab S. 10.*

2. Ziehe eine Karte mit Schreibimpuls, der dir eine neue Per-spektive eröffnet, indem er ein anderes Licht auf dein Le-ben oder auf dein Thema wirft. Der Text auf der Karte dient dabei als Anschubhilfe, die deinen Schreibprozess zündet und in eine bestimmte Richtung leitet. *Dazu mehr ab S. 12.*

So fällt das Schreiben leicht

Die folgenden Erklärungen dienen der Vorbereitung auf das Schreiben mit den Karten. Du kannst diese Technik jedoch auch ganz ohne Karten mit einer bestimmten Intention nutzen: Auch wenn du beispielsweise einen Artikel zu einem bestimmten Thema verfassen möchtest oder musst, kann dir das intuitive Schreiben eine große Hilfe sein.

Lege eine kurze Schreibdauer fest. Es genügen schon 10 oder 15 Minuten. Stelle sicher, dass du in dieser Zeit ungestört bleibst.

Der Trick besteht nun darin, in dieser Zeit ununterbrochen irgendetwas herunterzuschreiben. Bringe alles zu Papier, was dir durch den Kopf geht, ohne es zu bewerten. Selbst wenn ein Gedanke (scheinbar) überhaupt nicht zu deinem Thema passt, notiere ihn trotzdem. Die besten Ideen entspringen vielfach einem ungeplanten, unerwarteten Gedankengang.

Versuche, in der kurzen Zeit so viele Gedanken wie möglich zu notieren. Je mehr du schreibst, desto besser. Lasse deinen Stift übers Papier fliegen. Oft hilft die Vorstellung, dass er von allein schreibt und du ihn nur halten musst, bis die vorher festgesetzte Zeit um ist. Du wirst angenehm überrascht sein, wie schnell diese vergeht.

Während du schreibst, solltest du niemals das schon Geschriebene durchlesen oder korrigieren. Rechtschreibfehler sind völlig normal und erlaubt. Ebenso Wörter, die das, was du ausdrücken willst, noch nicht perfekt treffen. Lies das Geschriebene erst, wenn die Zeit vorbei ist. Dann kannst du es bei Bedarf nachträglich verändern oder ergänzen.

Ich empfehle dir, mit einem Stift auf Papier zu schreiben. Dabei werden andere Hirnareale aktiviert als beim Tippen auf einer Tastatur. Mit etwas Übung funktioniert es aber auch am Computer.

Da Freiraum ohne Regeln und Begrenzungen ein Hauptkennzeichen des intuitiven Schreibens ist, benutze am besten unliniertes, großes Papier (DIN-A3 ist besser als DIN-A4, weil das größere Blatt Papier dem Schreib-Flow mehr Raum zum Entfalten gibt). Wähle einen Stift, der möglichst leicht und schnell übers Papier gleitet und angenehm in deiner Hand liegt.

Das hilft, wenn der Schreibfluss einmal stocken sollte

Wenn dir der Einstieg ins Schreiben einmal nicht gelingt, beginne mit:»Ich weiß jetzt gar nicht, was ich zu diesem Schreibimpuls schreiben könnte, aber ...«, und vervollständige diesen Gedanken.

Sollte der Schreibfluss zwischendurch stocken – das kann vorkommen und ist völlig normal –, dann schreibe auf, was dir gerade durch den Kopf geht. Zum Beispiel: »Jetzt fällt mir nichts mehr ein. Ich kann das nicht!« Aber schreibe weiter. Unterbrich deine Handbewegung und den Schreibfluss nie, ganz gleich, wie du dich gerade fühlst. Damit löst sich in kurzer Zeit deine Schreibblockade wieder auf.

Fällt dir wirklich gar nichts mehr ein, rege dich nicht darüber auf, sondern nimm einen neuen Anlauf: Schreibe dafür deine letzten Sätze noch einmal ab, und folge den dann kommenden Gedanken.

Mit den Karten in einen intuitiven Schreibflow kommen

Auf den Karten gibt es eine kurze Erklärung zum jeweiligen Impuls und dann entweder Fragen dazu, die du beim Schreiben beantworten kannst, oder sogenannte Writing Prompts. Dieser Begriff wird auch im Deutschen so benutzt, da er schwer zu übersetzen ist. Writing bedeutet »schreiben« und to prompt »jemandem etwas vorsagen«. Writing Prompts sind kurze Textpassagen, die den Schreibstart erleichtern. Dazu kopierst du die vorgeschlagenen Sätze einfach und schreibst dann in einem Zug weiter.

Natürlich steht es dir frei, von dem Textbeginn, der auf der Karte vorgeschlagen wird, abzuweichen, wenn deine Intuition dir andere Impulse schickt.

Wähle eine Karte aus

Breite die Karten mit der Schreibanleitung nach unten vor dir aus. Dann schließe kurz die Augen, und formuliere innerlich den Wunsch, dass deine Intuition dich zu einer Karte führen möge, die dich bestmöglich unterstützt. Schaue mit weichem, weitem Blick über die Themenvielfalt, und lasse deine Augen intuitiv den heute für dich besten Schreibimpuls wählen.

Du kannst dich natürlich auch bewusst für eine bestimmte Karte entscheiden.

Verbinde dich mit der Botschaft

Nimm die Karte in die Hand, und öffne dein Herz. Lies zunächst das Impulsthema auf der Vorder- und dann den etwas längeren Text auf der Rückseite. Es ist möglich, dass schon währenddessen ganz unmittelbar Erinnerungen oder Ideen auftauchen.

Schließe dann sanft deine Augen. Spüre das Gewicht deines Körpers auf der Sitzunterlage, und beobachte für einen Moment, wie dein Atem fließt. Mache dir bewusst, dass dein Energiefeld, deine Aura, größer ist als nur dein physischer Körper. Sie geht über die physische Körpergrenze hinaus. Visualisiere dann, wie sich dein Energiefeld weiter ausdehnt und dabei lichter wird.

Stelle dir vor, du hättest feinstoffliche Antennen, die du jetzt ausstreckst: hinein in einen noch größeren Raum, der hinter allem liegt, was du tagtäglich mit deinen fünf Sinnen erfährst. In Verbindung mit diesem weiten, zeitlosen Raum findest du Zugang zu enormer Fantasie und zu neuen, originellen Ideen und Wahlmöglichkeiten. Stelle dir vor und erlaube, dass diese kreative Kraft durch dich fließt, wenn du gleich zu schreiben beginnst. Öffne dich dafür, dass die Worte leicht aus dir hinausströmen werden – kraftvoll und lebendig.

Wenn du bereit bist, öffne sanft deine Augen und beginne, zu schreiben.

Tauche tiefer ein,
und verstärke die Wirkung

Eine Auflistung von Fakten wie: »Dies und das hat meine Kollegin alles getan, was ihren fehlenden Respekt zeigt«, ist weniger zielführend als das Schreiben über deine inneren Beweggründe: »Der Grund dafür, dass mich das Verhalten meiner Kollegin kränkt, ist …«

Tauche beim Schreiben immer ganz in die Erlebnisse oder deine Wunschszenarien ein. Beschreibe sie aus deiner persönlichen Sicht und in der Gegenwartsform. Schreibe immer auch auf, wie du dich dabei fühlst.

Bitte habe Geduld, und gib dem Prozess, der durch dein intuitives Schreiben initiiert wird, ausreichend Zeit, sich zu entfalten und zu wirken. Das kann bei komplizierten oder vielschichtigen Lebensthemen einige Wochen dauern. Beobachte währenddessen, wie sich das Thema für dich verändert. Solltest du dann feststellen, dass es sich noch nicht zu deiner Zufriedenheit geklärt hat, kannst du es mit einem weiteren Schreibimpuls erneut beleuchten. Manchmal ist sogar ein dritter oder vierter Schreibdurchgang erforderlich. Jedes Mal verbindest du dich dabei mit der Botschaft der neuen Karte (siehe S. 13).

Bringe Veränderungen,
die du dir wünschst, ins Rollen

Wenn deine Schreibzeit vorbei ist, spüre kurz nach, was wichtig für dich war. Ergeben sich daraus Anregungen für deinen Alltag? Mache dir Notizen dazu.

Ich hoffe, du kannst es nun kaum erwarten, deine Lebenssituation mithilfe der Karten so zu verändern, wie es dich glücklich macht. Ich wünsche dir von Herzen viel Freude und Erfolg dabei. Mögen diese Karten deinen Einfallsreichtum und deine Intuition so entfesseln, wie du es nie zuvor erlebt hast!

Über die Autorin

Kira Klenke ist erfolgreiche Autorin von Selbsthilfe-Ratgebern. Sie unterstützt Menschen dabei, deren innere Führung zu aktivieren, um so maßgeschneiderte Lösungen für Probleme und Fragen in allen Lebenslagen zu finden. Seit 35 Jahren ist das intuitive Schreiben die Leidenschaft der Niedersächsin.

www.kiraklenke.de
www.instagram.com/kiraklenke

Inspirationen für das Schreiben und Umsetzen von Visionen

Kira Klenke
Endlich Autor!
136 Seiten
978-3-8434-1464-7

Kira Klenke
Schreib-Flow
Audio-CD, ca. 70 min
978-3-8434-8431-2

Die erfahrene und erfolgreiche Autorin Prof. Dr. Kira Klenke weiß genau, welche hinderlichen Überzeugungen über das Bücherschreiben die meisten Schriftsteller von morgen davon abhalten, ihre Ideen und Notizen in ein vollendetes Buch zu verwandeln. Sie zeigt Ihnen, wie Sie mit intuitiv-kreativem Schreiben die Blockaden überwinden und Ihre Motivation so ankurbeln, dass Sie nicht mehr aufzuhalten sind.

Kira Klenke
Gute Vorsätze wirklich umsetzen!
152 Seiten
978-3-8434-1488-3

Kira Klenke zeigt Ihnen, wie Sie es schaffen, Ihre Vorhaben konstruktiv zu formulieren und lästige Selbstdisziplinierung in beglückende Wachstumschancen zu wandeln. Zahlreiche Selbstcoaching-Tools, bewährte Motivationshelfer und Mentaltechniken aus der Hirnforschung sorgen dafür, dass Sie bald stolz sagen können: »Diesmal habe ich es wirklich geschafft!«